27
j.n 17784

ROLAND

ET SES OUVRAGES.

La Société royale des sciences de l'agriculture et des arts de Lille, avait mis au concours, pour l'année 1846, l'éloge de Roland, statuaire, membre de l'Institut de France, né à Lille. Dans sa séance du 5 juillet 1846, elle a décerné la médaille d'or à l'auteur de cette notice.

Paris. — Typographie SCHNEIDER ET LANGRAND, rue d'Erfurth, 1.

ROLAND

ET

SES OUVRAGES,

PAR DAVID (D'Angers).

PARIS,

PAGNERRE, ÉDITEUR,
14 BIS, RUE DE SEINE.

—

1847

NOTICE SUR ROLAND.

———◇❀◇———

Il est si doux, si beau, de s'être fait soi-même,
De devoir tout à soi, tout aux beaux-arts qu'on aime;
Vraie abeille en ses dons, en ses soins, en ses mœurs,
D'avoir su se bâtir des dépouilles des fleurs
Sa cellule de cire, industrieux asile
Où l'on coule une vie innocente et facile.
ANDRÉ CHÉNIER.

ROLAND (Philippe-Laurent), statuaire, fut un homme religieusement dévoué au culte de l'art. Il naquit le 13 août 1746, à Pont-à-Marq, près de Lille. Son père, pauvre tailleur d'habits et cabaretier, n'était guère capable de développer ni de soupçonner même les heureuses facultés de son fils; mais le jeune Roland eut cela de commun avec plusieurs hommes nés obscurs comme lui, et comme lui devenus célèbres, qu'il dut à l'inspiration de sa mère et à ses salutaires excitations le goût d'une carrière qu'il a parcourue depuis avec tant d'éclat. Mme Roland (Marie-Magdelaine Caille) était continuellement préoccupée de l'idée d'en faire un sculpteur; elle pensait que la faiblesse de sa complexion ne lui permettrait pas de résister aux dures fatigues de l'ouvrier. Peut-être encore, par un sentiment d'ambition si naturel et si excusable chez une mère, rêvait-elle pour son fils bien-aimé un glorieux avenir : aussi ne négligea-t-elle rien pour faire entrer son mari dans ses vues, et l'enfant fut confié à un sculpteur qui n'avait d'autre occupation que de façonner des ouvrages en bois.

On ne tarda pas à s'apercevoir que cette jeune imagination demandait à prendre un plus large essor. Il fallait à Roland les fructueuses leçons d'une école de dessin ; il obtint d'être admis à celle de Lille, dont M. de Séchelles, intendant de la province de Flandre, était alors le directeur. Là, il eut pour professeurs MM. Tillet et Guéret. D'étonnants et rapides succès lui inspirèrent le désir de s'aventurer sur un plus vaste théâtre : à Paris, l'atelier du statuaire Pajou lui était ouvert ; il partit sans autre appui que les vœux de sa mère et la conscience de ce qu'il devait être un jour. Il avait alors dix-huit ans.

Encore un enfant du peuple, de ce peuple dont les misères, commencées au berceau, n'ont trop souvent pour terme que le corbillard du pauvre, qui va, par son génie, prendre une place honorable parmi les hommes dont la postérité gardera précieusement la mémoire. Mais cette place, de combien de tortures physiques et morales il lui a fallu l'acheter ! Souvent, se laissant aller à cette mélancolie si ordinaire aux grandes âmes, le jeune homme, assis sur son grabat, soutenant de ses mains son front affaissé, sentait son cœur se prendre aux froides étreintes du désespoir. Cet avenir qu'il avait rêvé si beau, si brillant, fuyait devant lui ; il doutait de lui-même. Puis qu'à travers les ais mal joints de la porte, un rayon de soleil vînt se jouer

à ses pieds, soudain s'évanouissaient les sombres pensées.
Grâce à la mobilité d'esprit particulière à cet âge, le jeune
artiste redevenait confiant, assuré : ce rayon de soleil égaré
dans son humble cellule, c'était pour lui le bienveillant
et prophétique sourire d'un ami venant ranimer son courage abattu.

Qu'on nous pardonne de nous appesantir sur ces com-
bats intérieurs, sur ces doutes déchirants, sur ces horri-
bles angoisses qui ne manquent jamais d'assaillir l'artiste
à son début : il est bon que le monde sache à quelles
épreuves est condamné le génie naissant, ce qu'il lui faut
dépenser d'efforts et de puissance pour mettre la foule à
ses pieds, ce qu'il lui en coûte enfin pour grandir et pour
enfanter ses chefs-d'œuvre, la plus pure, la plus vraie
gloire d'une nation.

Oh ! comme on serait saisi d'une douloureuse pitié, si
l'on pouvait pénétrer dans ces mansardes mal abritées,
refuge de la misère, où le jeune sculpteur pétrit de ses
mains fiévreuses et humecte des sueurs de son front l'ar-
gile qui doit devenir une chair vivante, et s'empreindre à
jamais de fortes et chaleureuses inspirations ! C'est là
qu'aux douteuses clartés d'une lampe fétide, l'œil ardent,
portant haut le front, et comme aspirant la gloire, il oublie
les heures qui devraient être consacrées au sommeil. Cependant ses artères battent trop violemment ; il lui faut
de l'air, il ouvre sa petite fenêtre donnant sur le toit (le
peuple, dans sa naïve poésie, appelle ces croisées, jours
de souffrance) ; mais cet air qui le rafraîchit n'est pas pur :
il a passé sur tant d'infortunes et sur tant de larmes ! il
lui apporte tant d'imprécations et tant de soupirs ! Cette
rangée de fenêtres obscures et fermées qu'effleure son

regard l'effraye de son aspect sinistre. Où si quelqu'une est éclairée encore, c'est qu'il y a derrière les vitres un moribond qui râle, une jeune fille qui pleure, victime de l'égoïste brutalité d'un homme, une pauvre mère travaillant près de la litière de paille où ses enfants étiolés dorment avec la faim ; ou bien quelque âme semblable à la sienne, pauvre sculpteur, quelque brûlant cerveau comme le sien, tourmenté d'insomnie, et où germe une idée qui peut-être un jour remuera le monde.

Disons-le pourtant, dans cette lutte d'une volonté forte contre l'accablant sommeil, le jeune artiste éprouve un sentiment d'orgueil. Il est maître de lui, puisqu'il dompte la nature ; il veille, il vit par l'intelligence, tandis qu'autour de lui tout est plongé dans un engourdissement profond. Ses yeux étincelants d'enthousiasme interrogent les cieux : peut-être y cherche-t-il une étoile, son étoile de prédilection, qui semble s'animer à son regard, et lui tracer une route de feu vers un meilleur avenir, comme celle qui jadis guida les mages à Bethléem vers la crèche dépositaire du berceau d'un Dieu et d'une religion nouvelle, comme celle encore que voyait, ou croyait voir Napoléon affrontant les hasards de la guerre, et promenant sa fortune au travers des empires brisés.

Puis, si, vers les dernières heures de la nuit, le statuaire, épuisé de fatigues et d'émotions, se permet enfin quelques instants de repos, les membres étendus sur des planches grossières, car sa pauvreté lui interdit le luxe d'un matelas (tant de mollesse d'ailleurs énerverait son courage), il reprend de nouvelles forces pour la lutte du lendemain, et, bienfait inappréciable de la nature, de riantes images charment son court sommeil. Ainsi sur son radeau, le naufragé, qui s'endort pressé de soif et de faim, se voit en rêve assis à une table opulente, où s'abreuvant à longs traits d'une eau limpide. Enfin le jour paraît, le jeune artiste se rend en hâte chez le maître, impatient d'entendre la parole féconde, et de s'initier aux rudes pratiques de la science.

Plus tard, quand les faveurs de la fortune eurent dignement récompensé son mérite, Roland aimait à se reporter par la pensée vers les années de sa laborieuse jeunesse. C'était surtout à la fin de la journée, alors que les derniers rayons du soleil couchant glissaient sur les toits de la Sorbonne, où il avait son atelier, et semblait quitter à regret les imposantes statues du maître, qu'assis au milieu de ses élèves qui, debout et immobiles, la tête penchée, recueillaient avec avidité chaque accent de cette noble voix exprimant simplement des choses profondément senties, il disait ses tourments, ses anxiétés passées, tout ce dont il avait eu besoin de force et de résolution pour étouffer en lui la révolte des sens, et ne point, comme la plupart des jeunes gens, se laisser emporter par le tourbillon des plaisirs. Il racontait les émotions du jeune provincial abordant au Palais-Royal, si brillant alors, et dont les mille lumières resplendissantes semblaient, à ses yeux éblouis, se confondre avec les feux de la voûte céleste; puis ces belles femmes couronnées de fleurs (on ne sait pas encore à cet âge que ces fleurs et ces femmes ne sont que mensonge); ces maisons de jeux, où résonnait l'or avec tant d'ironie; ces agents de change, corsaires de la fortune publique; cette tourbe de sots et d'oisifs qui fluait et refluait, heurtant de ses vagues l'homme de génie inconnu; ces trépignements, cette ivresse d'une joie folle; toutes ces splendeurs enfin, toutes les séductions du luxe, du vice, de la débauche et du crime, contrastant d'une si étrange façon avec les haillons de l'homme du peuple, de l'ouvrier qui, libre de son travail quotidien, et regagnant son gîte, passait silencieusement à travers le bruit et la vapeur de la grande orgie.

Ce spectacle si nouveau pour lui et si dangereux, le jeune élève le contemplait avec son âme d'artiste. Un feu inconnu lui brûlait le sang ; sa raison s'égarait, il chancelait comme pris de vertige, et plus d'une fois il faillit succomber. Mais soudain il s'arrêtait en songeant à sa mère ; une voix intérieure lui disait que là était la mort de son avenir de gloire. Il reprenait alors, le cœur gros de soupirs, le chemin de sa mansarde, où l'attendait, sur le seuil, l'espérance, qui le ramenait à ses études chéries.

La conversation de Roland était encourageante et fructueuse pour ses élèves : « Ce qu'un homme d'une santé « chétive a fait, disait-il, les autres hommes le peuvent « faire. J'avais une âme ardente pour le plaisir, mais j'ai « mais avant tout la gloire, et je marchais dans le devoir, « soutenu par le souvenir de mes vieux et respectables pa- « rents. »

Après ses passions, l'ennemi le plus redoutable qu'il eût à combattre, c'était le sommeil. Il racontait comment, pour se soustraire à l'influence d'un besoin si impérieux dans la jeunesse, il s'était ingéré d'un moyen infaillible.

A cette époque, on portait les cheveux rassemblés en queue derrière la tête ; il les nouait avec une corde fixée au plafond, et lorsque sa tête appesantie retombait sur sa poitrine, la douleur causée par les tiraillements de la nuque le réveillait violemment, et il se remettait au travail avec une nouvelle ardeur. Jamais, lorsqu'il disait cette particularité de son existence, il n'est venu à l'idée de ses élèves d'en rire, tant ils respectaient l'homme courageux, qui ne devait son illustration qu'à lui-même. Tous ces détails, pour d'autres puérils peut-être, grandissaient à leurs yeux, et semblaient revêtir un touchant prestige, sortis de la bouche du maître entouré de ses œuvres, son imposant cortége et la digne auréole de son génie.

Roland était venu à Paris presque sans ressources. Son père était trop pauvre pour l'aider convenablement ; mais son ange protecteur, sa mère, avait pourvu à ses premiers besoins. A force d'économie, de privation de chaque jour, la généreuse femme était venue à bout de ramasser un petit pécule. Quelle ne fut pas la surprise de son fils, et combien il versa de larmes d'attendrissement lorsqu'en déballant la modeste caisse qui renfermait tout son bagage, il y trouva le trésor que sa bonne mère y avait caché !

Quand Pajou eut compris tout ce qu'il y avait d'avenir dans ce jeune artiste, il l'associa à ses travaux de décoration du château de Versailles et du Palais-Royal ; il l'engagea, par une pratique assidue, à se rendre facile le travail du marbre, et lui fit exécuter plusieurs de ses statues.

Après quelques années d'un labeur opiniâtre, Roland put consacrer le fruit de ses épargnes à voyager en Italie ; il y passa cinq ans. Alors commencèrent pour lui ces études si sérieuses d'après l'antique, et les grands exemples que nous a légués l'art italien. Entre autres ouvrages où il s'essaya, ses premières inspirations se traduisirent par un gracieux buste de jeune fille, et une statue mi-corps de jeune dormeur, par un vieillard également jusqu'à mi-corps. Ces deux derniers sont en terre cuite ; le vieillard se voit actuellement dans le musée d'Angers. On remarque une vérité incroyable de nature dans ces productions : c'est de la chair qui, pour palpiter, semble n'attendre qu'une étincelle du feu sacré ; mais ce n'est pas encore la vie grandiose et le goût épuré qu'on admire dans ses autres ouvrages.

Roland avait commencé par une imitation naïve et religieuse de la nature, négligeant trop le véritable but de l'art, qui est de communiquer aux objets, par l'expression accentuée des formes, une vie plastique, celle qui doit traverser les siècles. Ce but n'est point cette sèche réalité du calque ou du daguerréotype, par qui l'art n'est plus qu'un mécanisme grossier : c'est cette impression morale qui ne peut être sentie et rendue que par le cœur de l'artiste. La vie matérielle est comme un jour terne et froid qui ne pénètre jusqu'à nous qu'à travers un épais brouillard ; mais l'expression de l'âme qui se reflète sur le visage de l'homme, c'est le soleil resplendissant d'une chaude lumière. Le calque ne donne qu'une ombre, une image inanimée ; mais quand l'âme de l'homme a passé dans le marbre avec ses traits, quand elle a pris figure, si j'ose parler ainsi, l'être alors nous apparaît environné de splendeur : c'est le type de la création dans toute sa beauté.

Si l'artiste, avec l'œil ardent de la contemplation, pouvait jamais saisir la nature idéalisée jusqu'à la dernière puissance, il éprouverait ce qu'on éprouve dans les élans de l'amour divin poussé jusqu'au paroxysme de la passion, cette sublime et indicible extase qui rend la matière muette, parce que cet amour s'élève bien au-dessus de la sphère des affections terrestres. Canova, ainsi que plusieurs grands artistes, a commencé par la recherche du calque naïf de la nature ; mais le statuaire italien n'est pas entré dans l'intimité de l'individu aussi profondément que Roland et quelques célèbres statuaires français. Les Italiens s'occupent plutôt du *primo aspetto*, de l'effet extérieur, qu'on me passe ce terme, du charlatanisme de la forme ; ils sont tellement impressionnables, et ils parlent à un peuple qui comprend si vivement même une simple indication, pourvu qu'il en soit frappé tout à coup, se réservant pour plus tard, s'il en a le temps, la sévère analyse, qu'ils ne sentent pas le besoin de pousser si avant l'étude de l'anatomie et de la physiologie, étude si nécessaire pourtant à qui veut rendre la nature agrandie dans sa réalité saisissante. Et c'est en cela, je le répète, que les statuaires français diffèrent : à savoir, que l'impression de l'âme, bien qu'ayant sur eux une immense influence, n'exclut pas l'analyse, condition indispensable à toute œuvre appelée à résister à l'engouement d'une époque.

Près de quitter Rome, après avoir presque entièrement épuisé ses ressources, Roland avait fait une copie de petite dimension d'après la Junon antique. Elle avait plu à un amateur qui voulait l'acheter ; mais lorsqu'il fallut, pour la mouler, la transporter dans une pièce voisine, notre immortel peintre David, qui s'était chargé de ce soin, se heurta si rudement contre une porte, que la secousse fit tomber la statuette, et l'aplatit sur le carreau, à la grande douleur des deux amis, qui demeurèrent un instant comme pétrifiés. David m'a souvent raconté cette anecdote.

Juste appréciateur des études que Roland avait faites à Rome, Pajou mesura de suite toute la portée de son talent, et le pressa d'exécuter un ouvrage qui lui donnât le droit de se présenter à l'académie. Roland suivit ce conseil, et fut admis au nombre des agrégés. Le sujet prêtait à une grande énergie d'expression : c'était la mort de Caton d'Utique. Il y a dans cette figure une animation vraiment saisissante; l'artiste a exprimé heureusement la sombre résolution de l'homme méditant froidement sur ce dernier acte du drame de la vie, et près de briser une existence qu'avaient flétrie la honte de Pharsale et l'anéantissement de la liberté... Parfois, il semblerait qu'abreuvé de déceptions, l'homme de cœur se reproche de se laisser vivre et vieillir, qu'il ressente le besoin de rompre ses liens, de sortir violemment de ce monde, surtout quand il a le bonheur de croire que l'immortalité l'attend dans un monde meilleur. A notre avis, pourtant, le suicide de Caton fut l'erreur d'un grand homme : c'est à de tels citoyens surtout qu'il appartient de vivre longtemps, de combattre jusqu'au bout les brigands qu'enfantent les tourmentes sociales ; et enfin, à défaut d'autres armes, de protester par leur vertu contre le triomphe du crime.

Roland avait eu la précaution de modeler à part, de grandeur plus que naturelle, les bras et les jambes de la statue de Caton, et bien lui en prit : on prétendait que ces fragments étaient moulés sur nature. Il fallut le témoignage du compas pour prouver que de pareils membres n'eussent pu être que ceux d'un géant ; et d'ailleurs, tout en conservant la plus stricte vérité, Roland avait empreint son œuvre d'un cachet original. Les plus incrédules furent forcés de reconnaître que le moulage seul eût été impuissant à rendre des formes si vivement accentuées. Il fit hommage à la ville de Lille du modèle réduit de cette statue : touchante reconnaissance d'un artiste qui aimait à reporter vers son pays natal son premier succès, prélude de tant d'autres.

Pajou s'intéressait chaque jour plus vivement à son élève chéri; il lui fit épouser, en 1782, la fille de Nicolas Potain, architecte du roi (1), et obtenir un logement au Louvre. A cette époque, la royauté donnait un asile aux artistes qui s'étaient distingués, coutume remise en usage par Louis XIV, et qui remontait au temps de la féodalité. Les grands seigneurs d'alors prenaient sous leur patronage les artistes et les poëtes, qui vivaient confondus avec la haute domesticité du castel. De là, dépendance de ces enfants du génie, contraints qu'ils étaient toujours de ne reproduire que les faits et gestes de leurs protecteurs. Ainsi les grandes idées qui pouvaient déplaire au maître, tout ce qui devait intéresser le peuple et le glorifier était passé sous silence. C'est pourtant ce peuple qui plus tard accomplit tant de choses. Homère a dit : « De l'instant qu'un homme devient esclave, il perd la moitié de sa vertu. »

Ce n'est pas pour un homme que les artistes doivent travailler, c'est pour la nation, pour l'humanité tout entière; ils doivent envisager l'art comme un sacerdoce dont ils sont les ministres, et contribuer par leurs œuvres à propager la morale, qui seule peut amener les hommes au plus haut degré de perfection possible, et conséquemment au bonheur.

En 1781, Roland fut élu membre de l'académie. Son

____

(1) L'unique fille que Roland eut de ce mariage est devenue l'épouse de M. Lucas de Montigny, conseiller de préfecture du département de la Seine.

ouvrage de réception était une statue de Samson. Il y a dans cette figure une profonde science d'anatomie, une puissance de mouvement extrêmement bien sentie; le dessin en est grand et sévère, un sentiment remarquable d'animation s'y joint à la dignité de la forme. Le héros est représenté à l'instant où, quoique enchaîné, il va renverser une des colonnes, soutien du temple ; ses pieds pincent le sol avec une contraction nerveuse qui trahit l'immuable résolution de son âme.

L'année même de son mariage, Roland fut reçu membre de l'académie de Lille. L'ouvrage qui lui valut cet honneur est une figure en terre cuite représentant la Mort de Méléagre. Profondément sentie sous le rapport de l'expression morale, de la noblesse des formes, souple comme la nature, d'un dessin pur, sans être la copie de l'antique, cette statue renferme toutes les qualités d'un ouvrage de premier ordre.

A cette époque, il exécuta deux bas-reliefs considérables : l'un représente un Sacrifice des anciens; l'autre, l'Astronomie et la Géométrie. On voit, dans ces bas-reliefs, que Roland avait su se débarrasser des funestes influences de l'école du dernier siècle : ce n'est pas là son moindre titre à l'estime.

Les bas-reliefs, par leur destination, attachés à la muraille du monument, sont une sorte d'écriture, d'inscription historique; ils ne peuvent ni ne doivent avoir la prétention de jouer le *trompe-l'œil*, de chercher à représenter l'apparence de la réalité, comme fait la peinture à qui la couleur en donne le moyen : chaque art a ses limites, qu'il est absurde de vouloir franchir. Trop longtemps les statuaires ont manqué à la véritable mission que la raison leur assigne ; ils creusaient la muraille, espérant donner à croire que les personnages se mouvaient réellement : ils s'imaginaient pouvoir se servir avec avantage des ressources de la perspective linéaire accessible à la peinture seule, comme si la sculpture avait aussi la ressource des effets qui éloignent les personnages suivant l'exigence du sujet. Qu'arrivait-il alors ? Les figures du premier plan projetaient leur ombre sur celles qui étaient censées se trouver à une plus grande distance ; celles-ci étaient bien conçues comme perspective linéaire, mais l'effet aérien venait apporter un cruel démenti aux prétentions du sculpteur. Témoin un bas-relief que j'ai eu occasion de voir : c'était Joseph vendu par ses frères. Il représentait, dans le lointain, des hommes passant sur un pont. Ces figures, quoique d'un saillant très-doux, recevaient de grandes ombres de celles placées sur le premier plan ; celles-ci paraissaient en outre porter le pont sur leurs épaules. N'est-ce pas là un contre-sens insoutenable ? D'ailleurs, toutes ces figures de demi-bosse produisent à la vue un cliquetis d'ombres et de lumière qui embrouillent la composition, mêlant les membres des personnages, sans que l'œil puisse se rendre compte auxquels d'entre eux ils appartiennent. Le spectateur a besoin que chacune des figures réunies dans un même cadre soit distincte et nettement présentée ; sans cela il en résulte pour lui une pénible fatigue qui le détourne de la vue d'une composition ainsi conçue. Dans ces bas-reliefs, il semble que tout le monde parle à la fois ; on est assourdi.

Le seul genre de bas-relief avoué par le goût est celui des Grecs, des figures méplates sur le milieu, offrant à la lumière une large surface ; les membres qui passent devant du corps n'offrent qu'une saillie peu sensible,

2

et par suite ne projettent point d'ombres; l'ombre de la figure elle-même se trouve portée sur le fond, la dessine énergiquement, et la rend visible sans aucune indécision; chaque personnage est isolé. C'est un type, pour ainsi dire, symbolique.

Dans leurs bas-reliefs, une armée est représentée par quelques soldats, comme l'était par un vieillard le chœur du peuple sur leur théâtre. Grâce à ce principe, le sujet traité par leur ciseau était simple et d'une interprétation facile. Il y a tout lieu de croire que ce même principe n'était pas étranger aux peintres grecs. Ils mettaient fort peu de plans dans leurs tableaux : c'était bien plutôt à la représentation de l'homme moral dans ses plus nobles actions, dans sa beauté, qu'ils consacraient leurs efforts, qu'à ces tours de force de l'art qui étonnent l'esprit, mais ne disent rien à l'âme.

Les temps n'étant plus les mêmes, l'art a dû nécessairement se prêter à des exigences nouvelles. La renaissance a essayé, il faut en convenir avec succès, de modifier les bas-reliefs antiques. De nos jours on exige l'apparence de la réalité, des scènes où soient rendus le mouvement et les passions de la foule, une exactitude rigoureuse dans la reproduction du costume. Aussi, quand les artistes modernes ont à représenter une bataille, c'est le choc des escadrons, la mêlée furieuse, les chevaux des vainqueurs écrasant sous leurs pieds les morts et les mourants, etc. ; de là le besoin de faire plusieurs plans, comme on en a des exemples dans les ouvrages des célèbres statuaires français de cette époque, surtout dans les bas-reliefs du tombeau de François Ier, sculptés par Germain Pilon. Là, on peut voir quel parti avantageux l'artiste a su tirer de l'étude des monu-

ments grecs, tout en conservant une saillie très-peu prononcée et méplate; il est parvenu à produire une illusion
frappante, autant qu'il est du moins donné à la sculpture
de le faire.

Dans l'art grec, chaque figure était une apothéose du
héros; quoique leurs guerriers, en marchant au combat,
fussent couverts d'une armure complète, l'artiste les représentait entièrement nus : c'était là une personnification
du guerrier idéalisé. Leurs statuaires avaient pensé avec
raison que leur art devait être plus synthétique que la
peinture. Les modernes ne font plus de demi-dieux de
leurs grands hommes; s'ils les élèvent encore sur des
piédestaux, c'est avec le costume obligé de leur époque,
nécessaire ingrat qui semble imposer encore à ces morts
glorieux les habitudes de la vie commune et bourgeoise.

Roland, qui, lors de ses débuts dans la sculpture, s'était
livré à l'étude de bas-reliefs conçus dans un vicieux sys-
tème, legs déplorable des époques de Louis XIV et de son
successeur, ne dut pas, sans de grandes difficultés, arriver
à secouer le joug de ses premières impressions : c'est ce
qui rehausse encore son mérite comme l'un des restaura-
teurs de l'art. Il était éminemment statuaire monumental,
c'est pourquoi je me suis plus longuement arrêté sur le genre
de bas-relief que comportent les convenances de l'architecture. Je n'ignore pas, du reste, que le bas-relief a une
latitude immense, que l'artiste de nos jours peut s'aban-
donner à tous les caprices de son imagination, selon la
destination de son ouvrage ou le fantastique du sujet :
nous en avons d'irrécusables preuves dans les travaux d'or-
févrerie de Benvenuto Cellini et de tant d'autres artistes
recommandables. Je me réserve d'en parler un jour dans

des études sur les ouvrages des immortels statuaires, Jean Goujon et Puget.

Cette même année encore, Roland exécuta un ouvrage qui le plaça en première ligne : c'est la statue du grand Condé jetant son bâton de maréchal dans les lignes de Fribourg. Sa longue habitude de travailler, ou plutôt, suivant une énergique expression, *de faire trembler le marbre devant lui*, qualité qui lui fut commune avec les gloires de la statuaire, les Michel-Ange et les Puget, lui permit d'achever son œuvre sans le secours de mains étrangères. Le peu d'étendue de son atelier lui donna occasion de montrer comment il savait triompher victorieusement des plus graves obstacles : la tête de son héros était cachée dans l'ombre, et la main qui tient le bâton ne put être exécutée qu'à l'aide d'une feuille de papier lui reflétant la lumière. Cependant ces mains sont belles et sévèrement dessinées ; la majesté guerrière dont les traits de la face sont empreints annonce une ferme assurance de vaincre. Le mouvement de la statue est noble, fier, digne d'un héros en qui l'impétuosité du courage est tempérée par la puissance du commandement ; il y a dans l'harmonieux ensemble du costume un goût et une vérité qui décèlent la main du maître.

Si la manière des sculpteurs du temps de Louis XIV et de Louis XV n'est pas à l'abri du reproche, au moins faut-il reconnaître qu'ils s'entendaient merveilleusement à arranger les vêtements, et à leur donner, pour ainsi dire, la couleur : leurs cheveux surtout étonnent par le soyeux, le fini et la légèreté. L'art, paralysé quant au rapport moral, curieux pourtant de plaire à une société sensuelle et étiolée, fut obligé de se rejeter sur les détails ; il se signala par la recherche et la coquetterie : le statuaire, dégénéré, descendit au rôle de tailleur et de modiste. Roland, en homme habile, ne prit de ses devanciers que ce qu'ils avaient de bon, et leur laissa leurs défauts.

En 1783, il exposa les médaillons colossals de Lenoir, Louis XV, Louis XVI, ainsi que celui de Philibert Delorme, notre grand architecte français.

En 1784, il fit pour le parc de Fontainebleau une gracieuse figure d'enfant jouant avec un cygne ; pour la ville de Lille, le portrait de Feutry, qu'elle conserve dans son musée. Dans l'année 1786, il sculpta les superbes et gigantesques cariatides qui décoraient la façade du théâtre Feydeau. Dans cet ouvrage, on peut remarquer combien, sans les copier, Roland s'était inspiré des beaux exemples de ses prédécesseurs. Ces figures, d'un style grand et sévère, portaient bien le cachet du sentiment individuel de l'artiste : c'était une imitation libre, hardie, à la fois rivale des cariatides dont Jean Goujon embellit l'une des salles du Louvre.

C'est aussi de cette époque que date un bas-relief représentant les neuf Muses, qui décorait, à Fontainebleau, les appartements de la reine. La noblesse et l'ampleur s'y joignent à la grâce des contours, et la suavité dans le modèle des formes ne laisse rien à désirer.

En 1791, il fut chargé de l'exécution d'un groupe colossal, le Peuple terrassant le Fédéralisme. Dans cette vaste composition, il put déployer à l'aise toute la puissance de son mâle génie ; l'œuvre fut digne du sujet. Le peuple était là debout, dans sa simple, énergique et robuste personnification. On reconnaissait sans aucune hésitation que ce juge inflexible, quelquefois terrible comme le destin, accomplissait un grand acte de souveraineté.

En 1792, il exécuta le monument dont, à la séance de la convention du 18 mars, Jean de Bry, au nom du comité d'instruction publique, avait fait décréter l'érection à la mémoire de Simonneau, maire d'Etampes, tombé victime de son dévouement aux lois, sous les balles d'une bande d'assassins contre-révolutionnaires.

Cette même année, il modela en plâtre, dans des proportions gigantesques, la statue allégorique de la Loi, qui fut placée sous le péristyle du Panthéon.

Dans cette admirable production, il avait traduit et rendu visible par la forme une des plus hautes et des plus sérieuses abstractions que l'esprit humain puisse concevoir. C'était en quelque sorte l'incarnation de la Loi, non pas de ce monstre qui en usurpe le nom, création capricieuse et servile instrument du despotisme, Janus politique à double face, portant deux poids et deux mesures, impitoyable aux faibles et souriant aux forts ; mais de cette Loi fille aînée de la Liberté, et son rempart contre les oppresseurs, pour tous égale, soit qu'elle protége ou qu'elle punisse, parce qu'elle est l'expression solennelle de la volonté de tous ; de cette loi enfin qui, n'ayant en vue que l'intérêt de la société, n'ordonne que ce qui est juste et utile, ne défend que ce qui est nuisible et injuste. Roland l'avait représentée dans l'acte du commandement. A la vue de cette noble et austère figure, il était impossible de se défendre d'un sentiment religieux ; tout en elle respirait le calme et la majesté ; à la perfection, au fini des chairs, s'ajoutaient la beauté, la richesse des draperies. Quoique travaillée avec un soin tout particulier dans ses détails, cette statue, même de loin, n'en aurait pas moins frappé les spectateurs par son aspect monumental, par la grandeur, la simplicité des lignes et la largeur des plans : c'était encore là l'un des mérites incontestables de Roland.

Il sculpta aussi, sous le péristyle du Panthéon, un bas-relief en pierre, ingénieux symbole de la nouvelle Jurisprudence. La Patrie, assise à l'entrée du temple des lois, montre à l'Innocence la statue de la Justice et la salutaire institution du jury ; l'Innocence embrasse avec empressement cette divinité protectrice. Deux figures, les Jurisprudences civile et criminelle, sont debout, et semblent s'applaudir, l'une de la lumière apportée enfin dans le chaos des lois, l'autre de n'avoir plus à punir que des coupables. Le bas-relief de Roland s'harmonisait parfaitement sous le rapport moral avec celui du statuaire Lesueur, qui lui servait de pendant, et représentait l'Instruction publique.

C'est au milieu des plus épouvantables secousses politiques que l'immortelle convention nationale décrétait de semblables monuments, grands comme leur époque, et investis d'une espèce de magistrature morale. Les artistes, brûlant d'un saint enthousiasme, s'élevaient au-dessus d'eux-mêmes, et répondaient par des chefs-d'œuvre à l'appel de la nation. Développer l'esprit, inspirer l'amour des lois, consacrer la mémoire des faits et des hommes héroïques, telle fut leur mission. Ils n'y ont pas manqué ! Témoin la pierre et l'airain, indestructibles gardiens de ces grandes pages humanitaires qu'ils ont écrites pour l'éternité.

C'était peu d'enflammer l'émulation par la consécration des héros éteints et de leurs nobles exemples, il fallait mettre les générations présentes en état de les imiter, de les surpasser même, et l'infatigable assemblée, qui portait sa puissante main sur toutes choses, couvrait la France d'écoles primaires et centrales, où la jeunesse venait puiser gratuitement une instruction et des lumières qui devaient féconder un jour le soleil de la liberté.

Alors Paris voyait passer dans son sein ces formidables légions de braves soldats improvisés, qui, aux cris de la patrie en danger, s'élançaient à la frontière, et allaient faire repentir les rois d'avoir osé violer le territoire sacré. Ils savaient bien en partant que beaucoup d'entre eux ne reviendraient pas, et que leur laurier n'ombragerait que leur tombe ; mais qu'importait à ceux dans le cœur de qui retentissait cette fière parole : *Si nous n'avons pas fait un pacte avec la victoire, nous en avons fait un avec la mort.*

Puis, un peu plus tard, quand il commença à recueillir les fruits de tant de dévouement et de sacrifices, le peuple guerrier, enivré de gloire, saluait de ses acclamations une longue suite de chariots chargés de tableaux et de statues antiques, contribution de guerre levée par la victoire, et dont la pensée est encore due à la mémorable assemblée qui porta si haut les destins de la république. Ces productions du génie disputées par les nations, ces conquêtes achetées au prix du sang, donnaient à l'art une immense importance ; les artistes s'exaltaient en pensant qu'à leurs œuvres aussi peut-être les siècles à venir réservaient de semblables hommages.

Dans ces jours où la nation française exécutait de si grandes choses, non-seulement pour repousser l'invasion étrangère (et ici je ne puis me rappeler sans une patriotique émotion l'héroïque résistance de la ville de Lille, patrie de notre statuaire), mais encore pour préparer l'émancipation intellectuelle des peuples et leur avénement à la liberté, il était impossible que l'ébranlement général ne réagît pas fortement sur l'âme déjà si impressionnable des artistes, et n'éveillât pas en eux de chaudes et soudaines inspirations. De même que la *Marseillaise* fut l'œuvre de la nation tout entière, dont la puissante voix dictait à Rouget de Lille cet hymne sublime, prière de tout peuple qui voudra rompre avec la tyrannie ; de même les grands événements vibraient dans le cœur des artistes qui sont toujours l'expression de leur époque.

En l'an IV, lors de la création de l'Institut, Roland fut élu à l'unanimité membre de la classe des beaux-arts. Les années IV et V de la république furent consacrées par lui à l'exécution de plusieurs ouvrages qui, pour être d'un genre moins sérieux, n'en accusent pas moins le faire du maître : on peut citer, entre autres, une figure de Bacchante portée sur une chèvre qu'elle tourmente avec son thyrse. La vivacité, la grâce de la pose et la pureté des formes font ranger cette œuvre parmi les plus belles qu'ait exécutées son ciseau.

Ce fut alors que, cédant à l'impulsion de son cœur reconnaissant, il entreprit le buste de Pajou, admirable ouvrage sous tous les rapports. Il était impossible de rendre avec plus de vie et une plus heureuse expression l'âme de son maître : on sent dans ce travail la vive émotion que l'élève a dû éprouver. Ce buste, à l'exposition, obtint le prix de première classe.

Il modela aussi une tête sévère et énergique de l'amiral Ruyter et celle si mélancolique du grand peintre Lesueur, puis le buste colossal de l'archichancelier Cambacérès, ceux du sénateur Laboissière, du savant chimiste Chaptal.

ministre de l'intérieur, et de quelques autres personnes
dont le nom n'appartient pas à l'histoire. Dans tous ces
bustes, empreints d'un singulier caractère d'authenticité,
on remarque une puissance d'expression toujours contenue
dans les graves limites de la statuaire, qui ne doit qu'in-
diquér les sentiments sans les rendre dans leur dernière
extension. On ne saurait pousser plus loin la rigidité du
trait, l'élégante pureté des contours, la netteté et la grâce :
c'est toujours, si je puis m'exprimer ainsi, la stéréotypie
de la nature à un haut degré.

Quelques critiques pourtant auraient demandé au ciseau
plus de variété. Ils pensaient que le fini des étoffes et
des autres accessoires, aussi parfait que celui des chairs,
apportait un peu de monotonie dans l'ensemble de l'œuvre ;
ils auraient voulu que le grenu de ces étoffes, le luisant
poli de la soie, etc., fissent opposition avec le visage.
Mais Roland connaissait parfaitement les ouvrages de ses
prédécesseurs, statuaires que l'on pourrait désigner sous
le nom de coloristes ; et si un artiste de sa trempe, aussi habile qu'il l'était à dominer le marbre, à l'assouplir à son gré,
a dédaigné de tels artifices, c'est qu'il croyait sans doute
que la gravité de la statuaire aurait pu en souffrir : il faut
alors s'incliner devant une volonté qui fut toujours diri-
gée par un jugement droit et un tact d'une extrême
finesse.

Le buste de sa fille, pour lequel il obtint, à l'exposition,
un prix de première classe, est sans contredit son chef-
d'œuvre : c'est une admirable individualité reproduite
avec un art extraordinaire ; c'est la beauté, la suave can-
deur, présentée avec toute la magie du sentiment le plus
exquis et la correction la plus achevée. La lumière se re-

pose avec largeur, on pourrait dire avec bonheur, sur ce portrait si plein d'ingénuité ; l'œil du spectateur ne se détache qu'à regret de ce beau visage, de ces yeux qui ont des regards si doux, de cette bouche naïve de vierge qui semble ne devoir s'ouvrir que pour laisser tomber des paroles aussi pures que l'âme qui l'effleure. On est enchanté du goût qui a présidé à l'arrangement de la chevelure ; c'est bien la mode de l'époque, mais elle a obéi à la fantaisie de l'artiste : les cheveux sont d'une légèreté qui ne peut appartenir qu'à ceux d'une jeune fille. Quand on voit cette œuvre, on regrette que les statuaires, au lieu de nous reproduire à satiété les têtes grecques qui semblent toutes moulées sur le même type, ne s'impressionnent pas plus souvent de la beauté vivante, dont l'inépuisable nature se plaît à leur varier les modèles à l'infini.

Un buste est une œuvre d'une haute importance : c'est sur le visage réflecteur de l'âme que se traduisent les passions, et en quelque sorte, le poëme du drame intérieur de la vie humaine. L'étude de la phrénologie doit donc, chez le statuaire, marcher de front avec celle de l'anatomie et de la physiologie : c'est elle qui dévoile à l'artiste les facultés distinctives de l'individu sculptées sur son crâne par la puissante main de la nature. Les mouvements du cœur, les inspirations de l'esprit qui dérivent de ces facultés viennent se peindre sur la physionomie par des signes pathétiques et variés. Il faut donc que l'art rende saillante la structure monumentale de l'être pour impressionner fortement la vue du spectateur : il lui reste ensuite à rendre les impressions fugitives, les nuances presque imperceptibles, indéfinissables, qui sont le prisme des passions, et communiquent à une physionomie quelque chose de mystérieux que les organisations extrêmement délicates peuvent seules sentir et apprécier. C'est là une carrière immense que l'art moderne est appelé à parcourir.

Le buste de mademoiselle Roland me rappelle un trait qui peint admirablement la touchante modestie de son illustre père. Il faisait voir à un de ses élèves, de retour à Rome, le buste qu'il venait de terminer en marbre. Quelqu'un qui se trouvait dans l'atelier engageait Roland à faire venir sa fille pour qu'on pût juger de la merveilleuse ressemblance. « Pourquoi vouloir comparer ! s'écria le grand artiste avec une impatience marquée; ne savez-vous pas que l'art ne peut lutter avec la nature ! »

Roland comprenait merveilleusement la sculpture monumentale destinée pour l'espace et l'éternité. Il était convaincu que la statuaire ne doit pas être un moulage de la nature, une reproduction de tous ces petits plis qui en sont les infirmités, et affectent la vue aussi péniblement que ces têtes desséchées de sauvages exposées dans nos galeries d'histoire naturelle; au contraire, il accentuait vigoureusement les grands plans qui servent à donner le caractère moral aux traits, en passant sur les détails avec une extrême délicatesse : c'est-à-dire qu'il parlait très-haut pour les divisions principales, et bas pour les nuances. Alors la lumière vibre, la tête vit, la bouche respire, les yeux semblent voir.

En 1802, il exposa son modèle de la statue d'Homère, qui reçut les applaudissements unanimes des artistes et des hommes de goût. Le sublime mendiant est assis, tenant une lyre de laquelle il semble tirer des sons; une draperie, posée sur le bras gauche, sert à arranger les

lignes de la figure sans cacher le nu ; son bâton repose
près de lui, et des couronnes à ses pieds. La tête est celle
qui nous est venue des Grecs. L'expression de cette tête, si
rayonnante de poétique inspiration, s'harmonise parfaitement avec le mouvement et l'ensemble idéal de la composition ; ces couronnes sont celles que les Grecs, ravis des chants
divins où revivaient les demi-dieux, leurs ancêtres, dépo-
saient aux pieds du poëte, avec l'obole destinée à le garan-
tir de la faim. Aujourd'hui, cette grande et toujours jeune
renommée plane au-dessus du monde, le front ceint des
palmes de l'immortalité. Toutes les générations qui se suc-
cèdent et qu'emporte la mort, comme le vent d'automne
les feuilles des forêts, saluent en passant le barde des
temps antiques, le majestueux Homère, qui demeure éter-
nellement debout au milieu de leurs ruines. Voilà la ré-
compense du génie, quand dans son œuvre il a su fondre et
répandre avec profusion tout ce qui frappe et intéresse le
plus vivement les hommes : les simples et touchantes beau-
tés de la nature, les larges et vigoureuses pensées qui
agrandissent l'âme, ces éclairs de sentiment qui la pénè-
trent et la subjuguent ; enfin, ces grands actes de courage
et de dévouement à la patrie, qui sont autant de leçons lé-
guées à tous les âges de l'humanité.

Ces hommages de tous les peuples et de tous les siècles
sont une justice tardive, sans doute, mais qu'importe ? Ne
faut-il pas que le génie paye de ses malheurs la gloire que
ses contemporains jaloux ne lui mesurent qu'à regret ?

Il est impossible de pousser plus loin la science de la
nature que Roland ne l'a fait dans cette composition. Les
lignes en sont grandes et simples ; les plans des muscles,
modelés par méplats, témoignent une profonde expérience

de l'anatomie ; les fibres charnues vivent, et chacune des
couches qu'elles forment est nettement dessinée; les os sont
accusés sans dureté, et tout le savant travail est recouvert
d'une peau délicate ainsi que d'un voile transparent. Les
grandes divisions constitutives de l'homme sont énergiquement marquées, de telle sorte que les nuances les plus
fines de la vie s'y font sentir sans nuire au grandiose.

Les statues qu'on dresse aux hommes célèbres étant des-
tinées à leur apothéose, et devant contempler la foule du
haut de leur piédestal, il s'ensuit qu'il faut accentuer plus
fortement que nature les principales divisions du corps
humain, parce qu'elles ont été les plus fortement modi-
fiées par les passions dominantes de l'âme. On glisse légère-
ment sur les détails, expression de la vie intime.

Ainsi, le littérateur qui se propose d'écrire l'histoire
d'un homme remarquable, ou les annales d'un peuple,
rassemble et trace à grands traits les principaux événements autour de ces groupes de faits, qui sont comme les
fondements de son œuvre ; il jette et sème les circonstances
de moindre importance, les particularités qui nous initient
dans l'intimité de l'homme ou des nations, n'admettant, de
ces détails, pourtant que ce qui peut être avoué par le goût
et la raison.

Cette statue est d'un style très-élevé. Dans ses données de
convenances et d'art, le style, ce n'est pas seulement l'imitation plus ou moins exacte d'une épée ou d'autres accessoires : c'est le caractère, l'originalité de la forme, en harmonie
avec le moral du sujet ; et c'est l'épuration de la nature
qu'on a à interpréter par l'examen réfléchi, par les compa-
raisons éclairées du modèle que la Grèce nous a transmis.

La statue d'Homère, remarquable parmi les plus belles

de la statuaire française, est placée au milieu des chefs-
d'œuvre de notre école, dans l'une des pièces du rez-de-
chaussée du Louvre, qui forme l'aile droite du pavillon de
l'horloge. Elle sera toujours un objet d'étude féconde pour
les artistes qui viendront s'inspirer devant cette nature
mâle et exempte d'infirmités ; ils admireront comme Roland, nourri des sublimes productions des Grecs, a su se
placer auprès de ses maîtres en copiant la nature, et refléter
librement l'antique. Ils comprendront que ceux qui ne s'at-
tachent qu'à reproduire servilement les œuvres des temps
passés s'enferment dans un cercle se rétrécissant chaque
jour, à mesure que les fragments deviennent plus rares, se
perdent ou s'altèrent.

Ces fragments, si je puis ainsi parler, ne représentant
plus que l'étui, l'instrument est absent ; mais la nature,
elle, est variée, infinie, incommensurable comme la vie.

Un grand moraliste a dit : « La nature a son entrée
nulle part, et sa circonférence partout. » Pourquoi donc,
dans les arts, s'obstiner à lui assigner un centre imagi-
naire? n'est-ce pas les enchaîner au même point à tout
jamais, et briser leur essor ?

En 1808, Roland fut choisi à l'unanimité, au scrutin
secret, par ses collègues de l'Institut, pour faire la statue
de Napoléon qui orne encore la salle des séances publi-
ques de ce corps savant. Le héros, revêtu de son costume
impérial, tient le sceptre d'une main, et distribue de
l'autre des croix et des couronnes de laurier. L'aspect de
la statue est grand et noble, l'exécution large et franche.
Cette œuvre, et quelques autres de nos statuaires français,
représentant l'empereur, font regretter cette malheureuse
et impolitique inspiration qui lui fit appeler à Paris, et

charger de son buste, un artiste étranger. Certes, dans son œuvre toute maniérée, Canova s'est montré bien inférieur aux nôtres comme à lui-même.

Vers l'année 1805, Roland eut à s'occuper d'un travail fort important dans la cour du Louvre : c'était un bas-relief dont le champ, étroitement resserré par les exigences de l'architecture, opposait au sculpteur de graves difficultés. Il fallait y faire entrer deux grandes figures de Victoires soutenant un écusson sur lequel était inscrite l'initiale du nom de Napoléon ; à droite et à gauche, un Hercule et une Minerve, et deux Fleuves au milieu. Roland triompha de cette gêne, et ses figures ne se ressentent en rien de l'exiguïté du cadre. Les Victoires sont d'un style grandiose, d'une forme puissante et décidée : ce sont bien là les victoires de cette gigantesque époque. La figure d'Hercule est vigoureusement dessinée, et celle de Minerve dignement sentie. L'entente du bas-relief est celle qui procède par méplats. Aussi la lumière n'est nullement interrompue par la saillie des membres superposés à la masse du corps ; et les ombres, en se projetant sur le fond autour des contours, circonscrivent nettement les personnages qui se trouvent cependant placés à une grande distance du spectateur. Si l'on avait quelque chose à reprendre, ce serait sans doute en ce que la main énergique du maître s'est un peu trop appesantie sur les draperies, et a trop durement indiqué les plis qui passent sur les membres. Quoi qu'il en soit, ce bas-relief n'en sera pas moins considéré comme une des productions les plus distinguées d'une époque où florissaient tant d'habiles statuaires.

Vers ce temps, Roland fit la statue de Cambacérès dans son costume de grand chancelier. La tête en est remar-

quable : c'est celle d'un penseur profond, de l'homme
que la convention nationale avait chargé, avec Merlin de
Douai, de rédiger un code civil ; qui, sous le consulat et
l'empire, poursuivit et termina ce beau travail que l'empereur décora de son nom. L'obésité du modèle était un rude
obstacle au statuaire. Il réussit à le surmonter, et, tout en
restant dans les strictes limites de la vérité, il a su revêtir
son œuvre d'une gravité et d'une grandeur dignes de l'a-
pothéose.

Il fit encore une statue de Solon, destinée à la salle des
séances du sénat. Le législateur montre la table où sont
inscrites ses lois. Une correcte sévérité domine dans la
forme du nu et des draperies ; la tête porte au plus haut
degré ce caractère de méditation propre à l'homme qui,
toute sa vie, a rêvé aux moyens de servir les intérêts de
l'humanité et la gloire de sa patrie.

La statue de Tronchet vient ajouter encore à la répu-
tation de l'infatigable Roland. Celui qu'en 1801 le suf-
frage du premier consul, en le portant au sénat, avait
proclamé le premier jurisconsulte de France ; celui qui
coopéra si activement aux travaux de l'immortel code Napoléon, méritait certes bien que ses traits fussent consa-
crés par la statuaire, et surtout par un tel maître. Il est
représenté dans l'attitude d'un homme enfoncé dans la
pensée. La noblesse et l'austérité du maintien, en parfaite
harmonie avec le mouvement des bras et des mains, an-
noncent une forte contention de l'esprit, la concentration
des facultés morales sur un important objet; la main
droite est portée vers la tête, qui penche en avant, et l'in-
dex étendu, comme d'un homme qui poursuit l'analyse
d'une idée qui l'absorbe ; la gauche pose appuyée sur des
feuilles du code. La tête respire une imposante gravité ;

l'on sent que le regard est en dedans, qui scrute l'histoire du cœur humain et interroge la sagesse des temps passés. Les vêtements, traités avec goût et vérité, recouvrent avec aisance cette pure et belle nature de vieillard, et complètent merveilleusement l'ensemble de cet irréprochable ouvrage.

Vers la même époque, il exécuta un bas-relief d'un style élevé et d'une grande dimension. Cette composition, dont Marc-Aurèle est le sujet, rappelle, comme les précédentes, les hautes conceptions et le large faire du maître.

L'un de ses derniers ouvrages fut la statue de Lamoignon-Malesherbes, que l'on voit aujourd'hui dans la salle des pas perdus, au palais de justice. Le vieillard, couvert du costume d'avocat, est figuré dans l'attitude de l'orateur.

En 1815, Louis XVIII ayant rendu une ordonnance pour l'érection de douze statues en marbre, sur le pont Louis XVI, Roland fut chargé de la statue du grand Condé ; mais il n'eut que le temps d'en faire l'esquisse. Il avait représenté le héros auprès d'un cippe surmonté de la couronne royale ; au pied croissait une tige de lis. Condé la couvrait de son épée comme pour défendre cet emblème.

C'est aussi à son ciseau que l'on doit la copie de la Minerve antique placée devant le péristyle de la chambre des députés.

Un jour, douloureusement miné par une affection de poitrine, il voulut quitter le lit où il se sentait mourir, et revoir une fois encore son atelier, confident de son génie, théâtre de tant de beaux et légitimes triomphes. Là, appuyé sur la plinthe du modèle de la statue, il promenait ses yeux presque éteints sur son ouvrage de prédilection. On eût dit un tendre père qui, avant de se livrer au sommeil, va déposer le baiser du soir sur le front de ses enfants au berceau. C'était le dernier éclat d'un soleil qui va s'abîmer dans l'éternelle nuit ; c'était le dernier effort d'une volonté puissante qui surveille et maîtrise quelques moments encore la fiévreuse matière qui va se désorganiser pour jamais. Oh ! qui dira ce qui se passa en lui, toutes ses émotions, toutes ses voluptés, tous ses désespoirs dans cet adieu suprême ? Et que ce serait chose merveilleuse à voir, s'il nous était donné de pénétrer le mystère de cet instant sublime où l'âme, près de quitter sa périssable enveloppe, se recueille, et va se refléter une dernière fois dans ses productions immortelles !

La famille de Roland, toujours si attentive, et dont les soins touchants entouraient journellement son illustre chef, vint l'arracher à sa solennelle, touchante et mélancolique contemplation. Quelques heures après, il n'était plus. Il succomba le 11 juillet 1816. Longtemps avant il avait reçu des mains de Napoléon la croix de la Légion d'honneur.

Sa famille avait eu l'heureuse idée de faire sculpter sur son tombeau une représentation de la statue d'Homère. J'ai longtemps cherché cette pierre qui portait sur son front les images de l'artiste et de son œuvre chérie. Je l'ai vainement cherchée au milieu de cette avalanche de morts que vomit la Babylone moderne, au milieu de cette foule innombrable qui vient chaque jour, au lugubre appel, se caser dans la silencieuse nécropole, où vices et vertus, héroïsme et crime, sottise et génie, sont reçus à loyer, et gisent confondus dans un effroyable pêle-mêle. Ces puériles distinctions dans le champ de l'égalité, ces orgueilleux tombeaux qui s'enfoncent sous l'herbe, ces fastueuses inscriptions que les ans effacent, montrent qu'il n'y a de vraiment grand et durable au monde que le souvenir des belles actions et des œuvres du génie. C'est là l'homme immatériel ; c'est par là qu'il échappe à la destruction commune : les honneurs rendus au corps ne sont que l'étiquette (1).

Les montagnes, sapées par le temps, s'écroulent et s'engloutissent ; les rocs disparaissent, emportés par le flot ou brisés par la foudre ; les fleuves changent de lit ou se dessèchent ; les nations périssent, et l'on ignore un jour jusqu'au lieu où dorment les cadavres de leurs cités. Mais le nom qu'illustra le génie survit aux catastrophes, et surnage immortel au-dessus des ruines du monde. Les siècles qui finissent le transmettent aux siècles qui commencent, et, répété avec enthousiasme, il traverse d'écho en écho la longue succession des âges ; car c'est dans le cerveau de l'homme que le génie bâtit ses glorieuses archives.

Roland n'a eu que quatre élèves. Son caractère loyal et intègre écartait la foule des jeunes étudiants qui recherchent avant tout le maître qui fait avoir des prix. « A quoi « bon, disait-il, chercher à influencer vos juges ? Si vous « êtes plus capables que les autres concurrents, vous devez « immanquablement finir par l'emporter. Si quelqu'un « d'eux, au contraire, me paraît le plus digne, je lui don- « nerai ma voix ; car ce serait une lâcheté que de lui ravir « ce qui lui appartient : il faut devoir son avancement à « soi seul, à son propre mérite. » Avec de si nobles sentiments, il était impossible que son école fût nombreuse.

Son premier élève a été M. Caillouette, qui par ses ouvrages s'est acquis un rang distingué dans les arts. Le se-

____

(1) J'ai appris depuis peu que M. Lucas de Montigny allait faire rétablir le monument de Roland, qui renfermera aussi les restes de la femme de l'illustre statuaire.

cond, M. Wangel de Malines, généreusement doué par la nature, promettait de se placer un jour entre les premiers statuaires. Il avait obtenu un second prix par un ouvrage qui réunissait à un haut degré toutes les qualités distinctives de son jeune talent : la science de la forme, la délicatesse du sentiment et une singulière aptitude à vivifier ses œuvres. Il est à déplorer qu'une sombre mélancolie soit venue briser un si bel avenir. Le troisième fut ce bon Massa, celui qui semblait devoir le mieux rappeler le style du maître. David d'Angers, enfin, fut le dernier.

Je ne puis résister ici au désir de consacrer quelques lignes à la mémoire de Massa qui, après de brillants succès obtenus dans les concours, fut sitôt enlevé à ses amis et aux arts par une cruelle maladie de poitrine. Il s'était lié d'une affection toute particulière avec l'un des élèves de l'atelier, venu à Paris pour étudier, sans argent, sans autre stimulant qu'un ardent amour du travail, et le souvenir toujours présent de ses bons et chers parents, trop pauvres, hélas! pour lui envoyer autre chose que leurs vœux ardents pour sa réussite. Massa apportait tous les jours un long pain, unique nourriture des deux amis, mets frugal qu'assaisonnaient l'eau claire de la fontaine et l'insouciante gaieté de leur âge. Quant à corriger, par quelques douceurs, la sèche monotonie de leur repas, nul d'eux n'y songeait; car nul n'avait les quelques pièces de monnaie qu'eût exigées une pareille dépense. Massa, du moins, trouvait le soir, chez ses parents. un souper plus substantiel ; son ami, lui, n'avait pas ce dédommagement : la faim l'attendait dans sa mansarde. Et pourtant ce morceau de pain qu'il tenait de l'amitié, ce faible secours suffit à soutenir ses forces, et lui a permis de se livrer à l'étude sans autre préoccupation. Heureux temps de l'existence où l'âme, en-

core vierge du contact des hommes, est accessible aux plus
douces émotions, au désintéressement le plus sincère! Pourquoi faut-il que le froissement de la société la déflore et la
souille si vite? N'est-il donc pas possible que chacun se crée
une position honorable sans chercher à écraser les autres?
Ne peut-on admirer, louer franchement l'œuvre d'un con-
frère, si elle doit honorer l'art et la patrie? Et ne vaut-il pas
mieux ouvrir son cœur à une généreuse émulation, source
d'inspirations fécondes, qu'à une basse jalousie qui le
crispe et le dessèche?

Roland était d'une taille moyenne et d'une complexion
délicate, son teint très-coloré annonçait un tempérament
sanguin ; mais en lui l'élément nerveux prédominait. Sa
démarche, quoique posée, participait de son énergie morale ; il avait les mouvements souvent brusques, la parole
brève, la tête développée, le front très-large par le haut ;
son crâne offrait une protubérance extrêmement prononcée,
celle de la persévérance. Les traits de son visage portaient
l'empreinte de la disposition habituelle de son esprit, les
yeux vifs et pénétrants comme ceux de l'artiste, la bouche
grande, mais bien dessinée. Comme les hommes occupés
de choses sérieuses, il parlait peu dans ses rapports so-
ciaux ; il apportait une réserve digne et une loyale fran-
chise, que rehaussait une grande austérité de principes.
Nul artiste, plus que lui, n'a imprimé son caractère dans
ses ouvrages. C'est de Roland qu'on peut dire avec vérité :
Le style, c'est l'homme.

Ce qui distingue avant tout les productions du statuaire
de Lille, c'est un sentiment de vie et de correction uni au
grandiose exigé par l'art. A Rome, il comprit que c'est par
l'étude raisonnée de l'antique et des anciens maîtres que
doit se former le goût de quiconque aspire à interpréter la

nature dans ses manifestations les plus sublimes. La sculpture de Roland offre un air incontestable de parenté avec la sculpture romaine de la belle époque d'Auguste. Son âme, fortement trempée, s'identifiait naturellement avec le mâle génie de cette époque. Car, dans les arts surtout, les nations, comme les individus, portent un sceau d'originalité qui caractérise leurs œuvres. Roland a doté ses figures de femme d'un sentiment de formes chaste et sérieux et d'un voile de gracieuse modestie. Bien différent en cela de Clodion et d'autres artistes qui, dans leurs modèles de femmes, ont prostitué l'art au plus affreux sensualisme, et se sont faits les apôtres du vice et de la plus excitante débauche.

Il faut savoir gré à Roland de la gravité du style dont il ne s'est jamais départi, et reconnaître qu'il est toujours resté fidèle à l'imposante mission de la statuaire. Ce n'est point à caresser, à diviniser le luxe, la vanité, l'ostentation et la mollesse, que l'artiste qui respecte son art doit consacrer ses veilles : il doit avoir toujours en vue l'utilité générale, et, convaincu de l'influence puissante des monuments qu'il élève sur le jugement que porteront, de son siècle et de son pays, les âges à venir, concourir de tous ses efforts à maintenir l'esprit public, à épurer les mœurs, à inspirer à ses concitoyens l'amour de la vertu, de la patrie et de la liberté. Ce n'est pas à dire pourtant qu'il lui soit interdit d'aborder des sujets gracieux. On est heureux parfois de pouvoir reposer sa vue fatiguée sur quelques naïves et touchantes figures de femmes et d'enfants : c'est un spectacle qui calme, qui rafraîchit l'âme, comme ces oasis enchantées qui, du fond d'arides déserts, viennent tout à coup sourire au voyageur haletant, et lui promettre, aux bords d'une source vive, un peu de repos et d'ombre.

Il n'a manqué à Roland, comme aux statuaires français, que de vivre au milieu de circonstances aussi favorables que Canova et Thorwaldsen, pour mettre au jour un plus grand nombre de chefs-d'œuvre, qui, certainement, eussent témoigné une science plus profonde et un goût plus pur que les productions des deux célèbres statuaires de Rome.

J'aurais voulu rendre plus dignement ce que m'inspirent et la reconnaissance et une profonde estime pour ce grand maître ; j'aurais voulu donner une idée de tout ce qu'il y a de douleurs et de larmes amères au cœur de ces pauvres enfants du peuple, quand ils se sentent brûler de ce feu sacré qui enfante de grandes choses, et que la faim, la faim impitoyable, avec ses besoins renaissants et plus impérieux chaque jour, vient les arracher à leurs rêves de gloire, et les plonger dans la triste et énervante réalité. Si je n'ai pas réussi, je le regretterai, et pour l'artiste, et pour la noble cité qui a eu l'heureuse idée de rappeler à la mémoire des hommes le nom d'un de ses plus illustres enfants. Car il est bon de montrer aux jeunes gens qui se laissent aller au découragement dès l'entrée de la carrière, comment et jusqu'où est monté un homme d'une constitution frêle, sans protection, sans fortune, armé seulement d'une volonté robuste et d'une inébranlable conviction.

J'avais quelques droits peut-être à retracer toutes ces luttes et toutes ces souffrances; car moi aussi je puis dire :

Non ignara mali, miseris succurrere disco.

Davin (d'Angers).

www.ingramcontent.com/pod-product-compliance
Lightning Source LLC
Chambersburg PA
CBHW061640060726
47597CB00005B/1982